RAISING COMPASSIONATE KIDS

RAISING COMPASSIONATE KIDS

HANLEY STANLEY

CONTENTS

Introduzione alla genitorialità compassionevole   1

1 Principio fondamentale 1: modellare un comportamen   5

2 Principio fondamentale 2: insegnare l'empatia e l'   8

3 Principio fondamentale 3: Incoraggiare atti di gen   12

4 Principio fondamentale 4: promuovere un ambiente p   15

5 Principio fondamentale 5: definizione dei limiti e   18

6 Il ruolo della comunicazione nella genitorialità c   21

7 Coltivare la resilienza e l'autocompassione nei ba   24

8 Affrontare le sfide e gli ostacoli nella genitoria   27

9 Celebrare la diversità e promuovere l'inclusività   30

10 L'importanza dell'auto-cura per i genitori nell'ed   33

Conclusione: abbracciare il viaggio della genitori   35

Copyright © 2025 by Hanley Stanley
All rights reserved. No part of this book may be reproduced in any manner whatsoever without written permission except in the case of brief quotations embodied in critical articles and reviews.
First Printing, 2025

Introduzione alla genitorialità compassionevole

Cosa significa essere compassionevoli? Riconosciamo tutti una persona compassionevole quando la vediamo. Sono pazienti quando raccontiamo le stesse storie più e più volte. Si offrono di aiutarci quando dobbiamo traslocare o quando non possiamo portare a spasso il cane stasera perché ci sentiamo male. Sono pronte con un abbraccio rassicurante quando non riusciamo proprio a padroneggiare qualcosa che sembra venire così facilmente a tutti gli altri.

Crescere bambini compassionevoli non significa solo insegnare loro come identificare un sentimento in qualcun altro e reagire a esso. Essere una famiglia compassionevole significa respirare il dolore del mondo e agire per alleviarlo, un piccolo angolo di mondo alla volta. Può essere difficile definire esattamente come appare una famiglia compassionevole, ma intuitivamente ne riconosciamo una quando ne vediamo o ne incontriamo una. Le famiglie compassionevoli si distinguono.

Per me, questi cinque valori fondamentali e pratiche delle famiglie compassionevoli sono ciò che le rende così speciali. Mentre lavoravo, parlavo e ridevo con famiglie che sembrano aver capito tutta questa faccenda dell'essere-un-essere-umano-completamente-perbene, anche questi tratti sembrano essere essenziali per il loro carattere. I genitori che sembrano muoversi nella loro giornata in modo molto intenzionale sono compassionevoli senza scuse. Lo definiscono tutti in modo un po' diverso, ma un comportamento vero, misurato e compassionevole è un obiettivo che risuona profondamente in tutti i tipi di famiglie.

Ecco i cinque valori fondamentali che ritengo cruciali per le famiglie compassionevoli:

1. **La compassione è un processo di apprendimento.**
2. **Il vero comportamento compassionevole nasce da dentro di noi, non da ricompense esterne.**
3. **Essere genitori compassionevoli può sembrare difficile, ma è necessario.**
4. **La genitorialità compassionevole è un lavoro relazionale pacifico.**
5. **Sia gli adulti che i bambini devono credere che le altre persone si preoccupino dei loro sentimenti per poter accedere veramente alla loro empatia.**

Definizione della compassione nel contesto della genitorialità

La compassione è un valore fondamentale esemplificato dai legami relazionali. Nel contesto della genitorialità, la compassione è concettualizzata come un'espressione attitudinale e comportamentale di amorevole gentilezza per un bambino. Combina un focus sulle emozioni e le esperienze del bambino con un desiderio di aiutare, un orientamento verso la comprensione delle esperienze del bambino e un impegno ad aiutare il bambino a far fronte e apportare cambiamenti nel suo comportamento.

La compassione è una risposta alla sofferenza dei bambini, che si tratti di angoscia, tristezza, paura, rabbia o persino felicità. Tale risposta ai bambini può aiutare a coltivare valori sicuri, affidabili e gentili da cui si può raccogliere ulteriore potenziale di sviluppo. A un profondo livello esistenziale, la compassione dà potere al bambino di gestire i compiti, trovare motivazione interna, fiducia ed essere reattivo all'interno di una nuova gestalt di mondi interni ed esterni interpenetranti.

La genitorialità è fondamentale per guidare un bambino lontano da danni e sfruttamento e verso il benessere fisico e psicologico. I genitori sono un modello di valori, forniscono accettazione e crescono attivamente i figli affinché raggiungano e manifestino il loro potenziale nella loro vita adulta. I genitori compassionevoli cercano di comprendere i sentimenti e le prospettive dei loro figli e sono altrettanto rapidi nel segnalare la loro cura.

In questa sezione vengono delineati i cinque principi fondamentali della genitorialità basata sulla cura compassionevole. Questi includono i principi di **Cura**, **Chiarezza**, **Impegno**, **Coerenza** e **Risoluzione creativa dei conflitti**.

Ampliare ogni principio:

1. **Cura** :
   - Per dimostrare attenzione è necessario ascoltare attivamente, entrare in empatia con i sentimenti del bambino e convalidare le sue emozioni.
   - L'assistenza comprende anche l'attenzione alle esigenze fisiche del bambino, offrendogli conforto e creando un ambiente sicuro e stimolante.
   - Modi pratici per dimostrare attenzione: controlli quotidiani, routine familiari e tempo di qualità dedicato.
2. **Chiarezza** :
   - Chiarezza significa stabilire aspettative, limiti e linee guida di comportamento ben definiti.
   - Significa anche comunicare con il bambino in modo diretto e comprensibile.
   - Modi pratici per mantenere la chiarezza: regole coerenti, istruzioni chiare e discussioni aperte su valori e aspettative.

3. **Impegno** :
    - Per impegnarsi per il benessere del proprio figlio è necessario esserci costantemente per lui, dimostrarsi affidabili e mantenere le promesse.
    - Si tratta di impegnarsi per la loro crescita e di supportarli nelle sfide.
    - Modi pratici per dimostrare impegno: fornire supporto costante nelle attività, essere presenti nei momenti importanti e prendersi del tempo per creare un legame.
4. **Coerenza** :
    - La coerenza nell'educazione dei figli aiuta i bambini a sentirsi sicuri e a comprendere le conseguenze delle loro azioni.
    - Si tratta di essere prevedibili nelle proprie risposte e di mantenere un ambiente stabile.
    - Modi pratici per mantenere la coerenza: routine regolari, disciplina coerente e tradizioni familiari stabili.
5. **Risoluzione creativa dei conflitti** :
    - Questo principio implica l'insegnamento ai bambini di come gestire i conflitti in modo costruttivo e di trovare soluzioni che funzionino per tutti i soggetti coinvolti.
    - Comprende lo sviluppo delle capacità di problem solving, dell'empatia e della cooperazione.
    - Metodi pratici per mettere in pratica la risoluzione creativa dei conflitti: simulazioni di scenari di conflitto, discussione di sentimenti e soluzioni e incoraggiamento del lavoro di squadra e del compromesso.

CHAPTER 1

Principio fondamentale 1: modellare un comportamen

Numerosi studi dimostrano come i bambini siano predisposti a prendersi cura degli altri e ad agire con gentilezza e cooperazione fin dalla tenera età. La loro disposizione compassionevole è particolarmente plasmata dai modi in cui i caregiver rispondono e modellano la compassione nella loro vita quotidiana. Come modelli di ruolo per i loro figli, la compassione e l'empatia dei genitori l'uno verso l'altro, così come verso i loro figli, sono associate allo sviluppo di atteggiamenti e comportamenti prosociali nella loro prole. Anche prima del momento delle influenze umane agentive dei genitori, i neonati sono esposti a un ambiente caldo e protettivo. Nel tempo, i valori e gli atteggiamenti dei genitori come modelli di ruolo possono plasmare sia il fondamento morale che il comportamento di un bambino.

Elaborazione del principio fondamentale: dare il buon esempio

Diversamente dall'insegnare esplicitamente ai bambini la compassione, il Principio fondamentale 1 sottolinea il ruolo chiave del genitore come modello di comportamento compassionevole. Nei primi anni, un bambino è impressionabile e impara attraverso l'osservazione e l'imitazione. Fin dall'infanzia, la capacità di adattarsi agli stati mentali ed emotivi degli altri viene costruita attraverso la dolcezza di un caregiver. I genitori sono i primi e principali insegnanti per mostrare ai più piccoli in via di sviluppo come prendersi cura e ascoltare con un cuore aperto le diverse emozioni e necessità degli altri. Aiutando i nostri bambini a formare una base per la compassione, possono invocarla nei momenti grandi e piccoli perché spesso è da momenti di piccoli sacrifici e inibizione dell'interesse personale che nasce la crescita.

Dare il buon esempio

Modellare una vita compassionevole per i bambini implica dare il buon esempio. Il modo in cui i genitori si comportano e parlano con gli altri è incredibilmente influente per i bambini. Non ascoltano solo le idee, i valori e le aspettative sociali che vengono loro espresse, ma anche quelle che i genitori e altre figure autorevoli sembrano vivere. Quando c'è una contraddizione tra parole e azioni, è più probabile che ascoltino e siano influenzati da queste ultime. Ecco perché una delle cose più potenti che i genitori possono fare è dare il buon esempio, trattando gli altri e i loro figli con pazienza, gentilezza e civiltà. Questo non significa essere un genitore perfetto, ma significa avere un approccio profondamente ponderato alla genitorialità e mostrare costantemente buona fede nel promuovere i principi fondamentali.

È nelle nostre interazioni istante per istante con i nostri figli che creiamo l'ambiente emotivo e psicologico che li aiuta ad accettare, imparare e poi vivere nei modi che i genitori sperano. Ecco alcune cose da tenere a mente per dimostrare una vita compassionevole attraverso la nostra genitorialità:

1. **Coerenza tra parole e azioni** :

- L'allineamento tra ciò che viene detto e ciò che viene fatto è essenziale. Non si tratta solo di inviare un messaggio una tantum su generosità o empatia. Si tratta di costruire una prospettiva nei ragazzi secondo cui i valori di cui si sta parlando sono quelli giusti e possono essere usati per orientarsi nel mondo.
- Se affermi che essere premurosi è importante e lo dimostri agli altri, è molto più probabile che i bambini pensino che anche gli altri tengano a questo valore e lo considerino ragionevole come guida del loro comportamento.

2. **Modellazione delle azioni quotidiane** :
   - Le azioni, compiute con costanza nel tempo, rappresentano un ottimo modo per i genitori di dare un modello di cosa significhi essere un bravo adulto.
   - Semplici gesti di gentilezza, pazienza ed empatia nelle interazioni quotidiane possono lasciare un impatto duraturo sui bambini.

3. **Creare un ambiente di supporto** :
   - Un ambiente di supporto emotivo e psicologico aiuta i bambini a sentirsi al sicuro e compresi, rendendo loro più facile adottare comportamenti compassionevoli.
   - Incoraggiare una comunicazione aperta, convalidare i propri sentimenti e dimostrare amore incondizionato sono componenti chiave.

Dando il buon esempio, i genitori fanno gran parte della loro migliore genitorialità. La dimostrazione costante di un comportamento compassionevole non solo insegna ai bambini preziose capacità di vita, ma aiuta anche a creare una generazione futura compassionevole ed empatica.

CHAPTER 2

Principio fondamentale 2: insegnare l'empatia e l'

Insegnare l'empatia e l'assunzione di prospettiva è il secondo principio dei cinque principi fondamentali per crescere bambini compassionevoli. È possibile radicare l'empatia quando i bambini hanno un'idea chiara di cosa siano le emozioni e sono in grado di riconoscerle negli altri. Discutendo apertamente delle emozioni, mostriamo che sono importanti e possono essere meglio comprese. Una volta che i bambini sono in grado di riconoscerle in se stessi, possono riconoscere le emozioni negli altri. Possiamo incoraggiare l'empatia discutendo e spiegando come altre persone potrebbero sentirsi in una determinata situazione. Possiamo anche discutere di come gli altri potrebbero interpretare una determinata situazione in contrasto con come la vediamo noi stessi. Una volta che i bambini hanno una solida comprensione dell'assunzione di prospettiva, possono anche imparare a essere sensibili quando si esprimono, sapendo che ciò che potrebbero dover esprimere potrebbe ferire i sentimenti di qualcuno. Infine, possiamo insegnare ai nostri figli che possono mostrare cura e preoccupazione verso gli altri per far sentire meglio le persone intorno a loro. Se incoraggiamo continuamente le espressioni di cura, alla fine diventeranno un'abitudine.

L'assunzione di prospettiva è importante per diventare il primo fondamento di un bambino nel suo viaggio verso la compassione. Se i bambini riescono a sviluppare un forte senso di comprensione dalla prospettiva di qualcun altro, possono essere sulla buona strada per sviluppare un attivo senso di preoccupazione e interesse nel migliorare le esperienze di coloro che li circondano. Il nucleo dell'empatia include una comprensione delle emozioni e la capacità di assumere la prospettiva di qualcun altro. Mentre la simpatia è semplicemente il sentimento di un'emozione, l'empatia è l'allineamento della preoccupazione nel migliorare le cose.

Elaborazione dei principi fondamentali: insegnare l'empatia e l'assunzione di prospettiva

L'era della riflessione verso l'individualismo mainstream ha prodotto uno stigma contro l'uso della parola empatia. Il suo uso come sinonimo della parola "simpatia" e le connotazioni ad essa associate sono state così negative nel nostro vocabolario attuale che l'uso comune della parola empatia come forma di mediazione è stato dimenticato. Empatia e compassione non sono programmi profondamente biologici ma coinvolgono molteplici processi che non riescono a comunicare in modo semplice ed elegante tra loro.

Sviluppare l'intelligenza emotiva

Intelligenza emotiva: empatia e assunzione di prospettiva

Una componente importante della creazione di un clima compassionevole è l'insegnamento dell'intelligenza emotiva. L'intelligenza emotiva comprende le capacità di empatia, risoluzione pacifica dei conflitti e risoluzione dei problemi interpersonali. La parte più essenziale dell'intelligenza emotiva è l'empatia. L'empatia include le capacità di assunzione di prospettiva descritte sopra. Con questa abilità, siamo in grado di vedere dal punto di vista di un'altra persona. Pensiamo ai suoi sentimenti ed esperienze così come ai nostri.

L'empatia cresce man mano che diventiamo più alfabetizzati emotivamente. Quando possiamo etichettare ciò che noi o un'altra persona sta provando, abbiamo un nuovo livello di controllo. Questo livello di controllo, a sua volta, fa progredire la nostra capacità di essere empatici o compassionevoli. Per aumentare le azioni compassionevoli nei bambini, i genitori devono aiutarli a costruire un vocabolario vario di parole che esprimono emozioni, riconoscere i propri sentimenti e quelli degli altri con queste parole e imparare a gestire e risolvere i problemi o introdurre comportamenti alternativi che portino ad azioni compassionevoli.

L'intelligenza emotiva è fondamentale per i genitori da comprendere quando cerchiamo di insegnare l'empatia ai nostri figli. Sia l'intelligenza emotiva che l'empatia sono espressioni scelte consapevolmente del nostro amore. Un numero crescente di risorse, corsi e studi sono disponibili in esercizi di alfabetizzazione emotiva presso università e scuole locali. Le riviste accademiche contengono molti studi che mostrano una correlazione diretta tra intelligenza emotiva e sia il successo scolastico che il successo generale nella forza lavoro. Molti ritengono che, da adulti, se diventassero più sviluppati in quest'area, la vita dei loro figli ne trarrebbe beneficio in egual modo.

Sebbene alcuni bambini nascano più empatici di altri, ci sono una serie di tecniche di accudimento ed esercizi che possono aiutare a promuovere la natura compassionevole dei bambini. È possibile che i bambini spesso sentano ciò che sentono gli altri perché possono facilmente imitare i toni vocali e le espressioni facciali degli altri per costruire o diminuire l'empatia. Anche quando i bambini nascono con alcune di queste tendenze verso l'empatia, questo tratto deve essere coltivato per diventare più forte. I genitori devono essere diretti nell'accelerare lo sviluppo del loro bambino in quest'area. Aiutare i bambini a sviluppare un senso di empatia e sensibilità può essere più importante di qualsiasi abilità che può essere insegnata.

CHAPTER 3

Principio fondamentale 3: Incoraggiare atti di gen

Incoraggiare atti di gentilezza e servizio è il terzo principio dei cinque principi fondamentali per crescere bambini compassionevoli. Possiamo fare un lavoro migliore nell'educazione di bambini compassionevoli. Un presupposto diffuso è che l'empatia sia presente o assente, mentre la ricerca più recente suggerisce che è più simile a un muscolo che, quando esercitato, cresce. Una volta che i genitori comprendono l'importanza di coltivare l'empatia nei loro figli, il loro presupposto è che la compassione e il desiderio di servire seguiranno naturalmente.

Il principio del servizio si applica a tutte le età e abilità. Il servizio può essere visto come un potente strumento didattico per la responsabilità sociale all'interno delle classi, nella convinzione che agire come una persona compassionevole porterà i bambini a diventare persone gentili. Questo valore del servizio, insieme a tutti gli altri cinque principi fondamentali, guida il programma "Language of Compassion" sviluppato nelle scuole pubbliche di Tacoma. "Crediamo che in ultima analisi voler alleviare la sofferenza degli altri, aiutandoli a sollevarsi dal loro luogo di dolore, porti ad atti di gentilezza". Gli educatori del Search Institute, prendendo una strada diversa, collegano ogni valore morale fondamentale a un'abilità e a opportunità di istruzione. Ad esempio, il valore della compassione è visto come mostrare preoccupazione per gli altri, parlare di come ci si sente a essere esclusi e praticare l'aiuto a coloro che sono vittime di bullismo. Secondo l'istituto, i bambini veramente "premurosi" (quelli che mostrano compassione) sono anche motivati a diventare cittadini responsabili.

L'altruismo, il desiderio disinteressato di aiutare gli altri, è un costrutto diverso dalla compassione. Normativamente, l'altruismo sarebbe più simile all'idea di servizio, dove la compassione sarebbe alla pari con altre idee e atteggiamenti. In questo modo, l'altruismo si adatta alla morale e ai valori sul lato sinistro dello schema di Wilson, mentre la compassione è annidata nel mezzo, all'interno di ciò che Wilson definisce "virtù". L'altruismo include la raccolta di orsacchiotti di peluche per i bambini in un paese dilaniato dalla guerra o la donazione di denaro per i pasti. La cura consiste in idee legate alla gentilezza, come provare preoccupazione per coloro che sono trattati male o che sono malati.

Elaborazione del principio fondamentale: incoraggiare atti di gentilezza e servizio

Insegnare l'empatia da sola non basta. Dobbiamo incoraggiare attivamente i nostri figli a compiere atti di gentilezza e servizio. Ciò li incoraggia a praticare l'empatia in modi tangibili e a vedere l'impatto diretto che le loro azioni possono avere sugli altri. Incorporando queste attività nelle loro vite, aiutiamo a promuovere un senso di responsabilità sociale e a costruire un carattere compassionevole.

Volontariato in famiglia

Fare volontariato in famiglia è un modo potente per dimostrare che ci preoccupiamo degli altri e che siamo in contatto con il lato più profondo e compassionevole della vita. Quando i bambini fanno volontariato, si sentono preziosi e competenti. Fanno parte di una comunità, incontrano persone di diversa estrazione, condividono esperienze e si identificano con chi ha meno, il tutto condividendo il calore e la compassione degli adulti amorevoli nelle loro vite. Ecco alcune attività di volontariato adatte alle famiglie da prendere in considerazione:

- **Prepara e consegna un panino al tacchino a un senzatetto** : spiega l'importanza della beneficenza e dell'aiutare gli altri.
- **Consulta il giornale locale per scoprire opportunità di volontariato adatte alle famiglie** : cerca attività in cui i bambini possono essere coinvolti, come lezioni di lettura, allenamenti sportivi o raccolta fondi per una causa locale.
- **Partecipa a raccolte di beneficenza** : raccogli oggetti come orsacchiotti di peluche per i bambini bisognosi o donazioni per le banche alimentari locali.

Prima di iniziare attività familiari, verifica con le agenzie locali le opportunità di volontariato adatte all'età. Alcune organizzazioni potrebbero avere restrizioni di età per garantire la sicurezza e gestire la sovrastimolazione emotiva dei bambini più piccoli.

Dando l'esempio all'etica della beneficenza e invitando i bambini a partecipare al loro livello, i genitori possono infondere nei loro figli un duraturo senso di compassione e di servizio.

CHAPTER 4

Principio fondamentale 4: promuovere un ambiente

p

Creare un ambiente di sostegno è fondamentale per favorire lo sviluppo, il mantenimento e la generalizzazione di comportamenti pro-sociali nei membri della famiglia. È difficile condividere e prendersi cura quando si è bombardati dalla negatività. Gli ambienti che trasmettono empatia, rispetto e inclusività supportano lo sviluppo di cordialità nei membri della famiglia. Quando i bambini si sentono rispettati, accettati e ascoltati, è più probabile che estendano la stessa attenzione positiva agli altri.

La nostra definizione formale di creazione di un mondo di gentilezza inizia a casa nostra. Un articolo di ricerca completato da David Hamilton (un borsista postdoc presso il laboratorio centrale della Northeastern) apparso su Scientific American nel 2018 ha identificato l'empatia, la compassione e il benessere generale dei membri della famiglia possono essere influenzati positivamente attraverso un cambiamento nelle dinamiche nella maggior parte delle famiglie. Queste dinamiche includevano l'inclusività e lo spazio di condivisione emotiva all'interno della famiglia. Specificamente per coltivare amore e gentilezza nei bambini, Hamilton ha sostenuto che "per crescere bambini più compassionevoli e premurosi, i genitori potrebbero dover rivalutare e riconfigurare alcuni dei modi in cui stanno affrontando la genitorialità". Con le loro qualità empatiche e creative, scegliendo di seguire lo spirito dell'argomentazione di Hamilton, il nostro team ha sviluppato 5 principi fondamentali della genitorialità. La tabella seguente delineerà questi 5 principi fondamentali. L'attenzione di oggi è sul principio fondamentale n. 4.

PRINCIPI FONDAMENTALI DELLA GENITORIALITÀ:

- Principio n. 1: Diventare adulti compassionevoli è la cosa più importante che i nostri figli faranno mai!
- Principio n. 2: Dare il buon esempio dice molto ai nostri figli: le parole creano la musica, la melodia intrinseca è l'empatia di qualcun altro.
- Principio n. 3: La creazione di un mondo di gentilezza inizia a casa!
- Principio n. 4: Nutrire la compassione è nostra responsabilità!
- Principio n. 5: Incoraggiare la compassione nei nostri figli non è sempre ovvio, quindi cerchiamo momenti in cui possiamo imparare.

Creare una cultura di accettazione

Abbraccia l'individualità di tuo figlio celebrando le sue qualità e differenze uniche. Questo può includere differenze di QI e successo accademico se tuo figlio non rientra nel tradizionale schema accademico, differenze fisiche e altro. I genitori spesso mettono i figli l'uno contro l'altro lodandone uno, spesso il più atletico o il più bravo a livello accademico, e usando questa lode come metro di paragone rispetto a fratelli e coetanei.

Promuovi la comprensione e la compassione per gli altri nella cerchia sociale di tuo figlio, modellando e insegnando il rispetto per le differenze che gli altri possono avere. È importante creare una cultura domestica e familiare che si concentri sulle differenze e sulla diversità come un punto di forza, perché incoraggia anche l'apprezzamento di sé. Incoraggia tuo figlio a identificare una cosa unica di sé che porta al suo gruppo di amici. L'infanzia e l'adolescenza sono un periodo in cui l'accettazione e l'appartenenza all'interno dei gruppi sociali sono spesso fondamentali. Aiuta tuo figlio a vedere il valore delle differenze individuali tra i membri di qualsiasi gruppo a cui possa appartenere.

Crea discussioni familiari o fai domande dirette su compagni di classe o di squadra che potrebbero avere differenze di apprendimento, intellettuali o fisiche che causano prese in giro da parte degli altri. Chiedi come questi eventi vengono percepiti dai compagni di classe e dagli studenti interessati nella loro scuola o club e cosa potrebbero fare per cambiare la cultura. Offri informazioni fattuali a tuo figlio sulle disabilità e insegnagli che le persone hanno anche differenze interiori che devono essere accolte in qualche modo.

CHAPTER 5

Principio fondamentale 5: definizione dei limiti e

Stabilire dei limiti e una disciplina coerente e amorevole è il quinto principio dei cinque principi fondamentali per crescere bambini compassionevoli. Dai neonati più piccoli agli adolescenti più turbolenti, i bambini hanno bisogno di limiti, per il loro sviluppo morale e sociale. Senza limiti chiari, guida e conseguenze appropriate per le cattive scelte, i bambini avranno molte difficoltà a imparare a distinguere il bene dal male. Non si sentiranno responsabili delle loro azioni, non svilupperanno empatia per gli altri e non saranno in grado di superare le avversità.

Tuttavia, anche troppa disciplina non è l'ideale. Una disciplina esagerata o semplicemente ingiusta può danneggiare i bambini emotivamente e trasformarli in bulli o bersagli frequenti del bullismo nei cortili delle scuole. L'uso della forza fisica o la demonizzazione dei bambini può aumentare la probabilità che commettano delinquenza o addirittura comportamenti criminali.

La disciplina migliore è ferma ma giusta e chiara nei suoi limiti. I bambini dovrebbero sapere cosa aspettarsi se infrangono le regole. Fate loro sapere perché queste regole sono in vigore: perché li amate e volete che siano al sicuro e che crescano come membri responsabili e premurosi della società. Gli esperti di assistenza all'infanzia raccomandano di discutere e concordare regole e conseguenze appropriate con i vostri figli, adattandole man mano che crescono e riescono a gestire maggiori responsabilità.

Equilibrio tra fermezza e comprensione

Una buona genitorialità, secondo la Dott. ssa Darcia Narvaez, psicologa presso l'Università di Notre Dame, non consiste nel "controllare i bambini in modo che possano essere ordinati e apparire di successo". Piuttosto, come scrive su *Psychology Today*, l'obiettivo è motivarli e guidarli in modi che stimolino le buone spinte interiori a funzionare bene e in modo armonioso. Una parte importante del raggiungimento di questo obiettivo è bilanciare fermezza e comprensione. I genitori hanno bisogno di regole e dovrebbero essere genitori e non amici, ma i figli/nipoti imparano dall'esperienza. Aiutando i bambini a imparare a fare buone scelte attraverso una gentile fermezza, possono imparare a essere compassionevoli con se stessi e con gli altri e ad essere più adatti alla vita in comunità e all'autorealizzazione.

La Dott.ssa Narvaez e il suo team hanno elaborato "I 5 principi fondamentali della genitorialità" per promuovere bambini compassionevoli, basati su questa comprensione della natura umana.

Una linea sottile da seguire nella genitorialità è stabilire limiti e disciplina pur essendo compassionevoli, afferma Vivian Diller, Ph.D., psicologa che esercita privatamente a New York City, dove lavora con le famiglie. "Il modo migliore per farlo è attraverso la disciplina", che fornisce ai bambini linee guida o regole, afferma. "Stabilendo limiti, insegniamo loro valori, empatia, pensare prima di agire, conseguenze", afferma, "tutto ciò è incluso nella compassione. Insegniamo anche l'autocontrollo, che è necessario per frenare la rabbia e sintonizzarsi sui sentimenti degli altri. In altre parole, la volontà e le capacità cognitive necessarie per essere compassionevoli sono le stesse capacità e intenzioni apprese quando vengono dati dei limiti e alla fine imparano dai propri errori e successi". I genitori devono sviluppare un buon giudizio sui limiti, aggiunge. Un genitore dovrebbe chiedersi se una regola è ragionevole e se viene applicata in modo ragionevole.

CHAPTER 6

Il ruolo della comunicazione nella genitorialità c

Comunicazione: è il modo in cui diciamo alle persone che ci circondano che le amiamo e le comprendiamo. Aiutare i bambini a sviluppare efficaci capacità comunicative li avvantaggia oltre a sapere come articolare in modo efficace i propri pensieri e sentimenti. Insegna loro ad ascoltare attivamente le idee e le emozioni degli altri, a immedesimarsi in loro e a parlare per coloro le cui voci sono troppo piccole per essere ascoltate. Questa è la chiave per una collaborazione compassionevole che va oltre lo sfruttamento del potere e della paura per ottenere seguaci e aprire i cuori.

In un mondo in cui la compassione è spesso considerata una debolezza, non possiamo portare i bambini a trovare la forza che deriva dal mostrarla senza comprendere le basi stesse del dialogo etico, né possiamo aspettarci che venga avviata senza imitarla. Vuoi crescere bambini che si sentano in diritto di rispettare gli altri, che vogliano parlare con le persone quando soffrono e trattarle con gentilezza. Mary Gordon, fondatrice di Roots of Empathy, dice ai genitori: "A meno che i vostri figli non siano buoni comunicatori, è molto difficile farlo". Secondo la consulente psicoeducativa Michele Borba, "i bambini gentili, premurosi ed empatici sono anche buoni comunicatori". Al contrario, dice: "Se il tuo bambino non è in grado di comunicare o ascoltare le opinioni di qualcun altro, come potrebbe comunicare compassione o ascoltare qualcuno nel bisogno?" Un forte principio fondamentale della comunicazione compassionevole è che il genitore o l'educatore creda che il bambino abbia la capacità di sviluppare un tale livello di competenza, eticamente.

Ascolto attivo e dialogo aperto

I genitori possono promuovere la compassione nei bambini offrendo un dialogo aperto e ascoltando attivamente i loro problemi e commenti. L'ascolto attivo implica l'ascolto e la comprensione reale di ciò che l'altra persona dice. Ciò significa anche che non dovremmo giudicare ciò che è stato detto finché non abbiamo una solida comprensione di ciò che l'altra persona sta tentando di comunicare. Quando ascoltiamo, ricorda che l'ascolto include una comunicazione aperta e non verbale. A volte cogliamo le emozioni dal modo in cui una persona si accascia o si volta dall'altra parte quando parliamo. L'ascolto attivo implica anche la risposta. Dopo aver ascoltato ciò che una persona dice, è spesso consigliabile confermare ciò che è stato detto prima di esprimere opinioni o raggiungere intese reciproche.

L'ascolto non verbale con i bambini implica il contatto visivo, l'ascolto di ciò che il bambino sta dicendo e il riconoscimento del suo contributo. Si tratta anche di dare al bambino il tempo di dire ciò che ha in mente. Questa forma di ascolto può aprire uno spazio di fiducia tra genitore e figlio e aiutare i bambini a sviluppare un senso di empatia quando l'ascoltatore è un ascoltatore empatico o sensibile. Con la comunicazione verbale o non verbale, i bambini (così come gli adulti) possono sentire quando gli altri esprimono i loro sentimenti e rifletterli in quel momento attraverso i loro gesti non verbali.

L'ascolto attivo è un buon strumento per parlare con i bambini, ed è anche un ottimo modo per costruire una migliore comunicazione con loro. Non solo offri a tuo figlio la possibilità di parlare di ciò che ha in mente, ma ti aiuterà anche a identificare eventuali problemi che potrebbero dover essere affrontati. Dice ai bambini che sono importanti. I bambini imparano meglio facendo, e comunicare attivamente con loro fornisce un buon modello per la genitorialità. La reazione di un genitore alla comunicazione di un bambino (sia essa positiva o negativa) illustrerà al bambino come dovrebbe comportarsi quando vorrà comunicare con gli altri in futuro.

CHAPTER 7

Coltivare la resilienza e l'autocompassione nei ba

Due importanti costrutti benefici per il benessere mentale ed emotivo sono la resilienza e l'autocompassione. La resilienza è la capacità di riprendersi dopo essere stati abbattuti, di superare le avversità o le sfide e di sviluppare grinta o una mentalità di crescita. Rappresenta il coraggio e la forza di tollerare e superare il disagio di una situazione. Nei bambini, la resilienza ha una relazione molto stretta con la capacità di risolvere i problemi.

Prove crescenti suggeriscono che l'autocompassione, descritta come gentilezza rivolta verso l'interno mentre diamo a noi stessi le stesse risposte premurose che offriamo agli amici, è correlata alla competenza sociale generale, all'adattamento generale e a minori sintomi di ansia e depressione. Aiuta sia a riconoscere il disagio sia a incoraggiarsi ad affrontare la situazione. Coltivare resilienza e autocompassione nei bambini è davvero una combinazione perfetta con il principio di genitorialità compassionevole. La domanda sorge spontanea su come possiamo coltivare questi due tratti nei bambini. I genitori sono i principali agenti di socializzazione e possono influenzare notevolmente lo sviluppo di queste due importanti virtù.

Ecco alcuni modi in cui i genitori possono lavorare su queste capacità nei bambini:

1. **Promuovi una mentalità di crescita** : insegna che gli ostacoli sono opportunità di crescita e sviluppo, non minacce.
2. **Lasciate che risolvano i problemi** : invece di risolvere i problemi al posto loro, lasciate che inizialmente si sentano falliti e poi aiutateli a trovare le soluzioni da soli.
3. **Modello di autocompassione** : dimostra un atteggiamento autocompassionevole verso te stesso quando ti trovi ad affrontare delle inadeguatezze personali.
4. **Incoraggiare l'identificazione dei punti di forza** : incoraggiare i bambini a identificare i propri punti di forza. Essere consapevoli e avere fiducia nelle proprie capacità aiuta a generare una risposta resiliente, che ridurrà i sentimenti di impotenza.
5. **Modellare un approccio alla risoluzione dei problemi basato su una mentalità di crescita** : dimostrare come affrontare i problemi con una mentalità di crescita.
6. **Coltivare l'autocompassione** : incoraggiare i bambini a essere i propri migliori amici.

Costruire una mentalità di crescita

I bambini sono costantemente bombardati da messaggi sull'essere i migliori, prendendo buoni voti o eccellendo nelle attività. Gli psichiatri infantili e gli psicologi mettono in guardia dal peso sulla salute mentale del tentativo di essere perfetti. Crescere i bambini con una mentalità di crescita ha il potenziale per essere uno dei più grandi doni che un genitore possa offrire.

La dott. ssa Kristin Neff, una ricercatrice leader in materia di autocompassione, ha esaminato come le persone perseveravano o rinunciavano a un anagramma irrisolvibile. Ciò che ha scoperto è che le persone che avevano una mentalità fissa e facevano attribuzioni interne si incolpavano per non essere state in grado di risolvere il puzzle. Quelle con una mentalità di crescita, o la convinzione che avrebbero fatto meglio la volta successiva, si impegnavano di più e si dimostravano resilienti di fronte alle battute d'arresto.

Gli entusiasti della mentalità di crescita, come Carol S. Dweck, ricercatrice presso la Stanford University, hanno identificato che i bambini con una mentalità "fissa" credevano che la loro intelligenza fosse solo un tratto fisso su cui avevano poco controllo sui risultati. Questi bambini possono spesso sentirsi come se avessero qualcosa da dimostrare. Ma i bambini con una mentalità di crescita, al contrario, percepiscono talenti e abilità come punti di partenza. Credono che attraverso dedizione, duro lavoro e impegno, potrebbero raggiungere il loro pieno potenziale. Dweck capisce che essenzialmente, il potere del "ancora" e il riconoscimento delle lotte presenti (che porta verso una mentalità di crescita) è un atto di autocompassione.

Coltivare una mentalità di crescita negli adulti è qualcosa di bello e potente, quindi perché non iniziare fin dall'infanzia? Insegnare loro i diversi significati di fallimento, preparazione, possibilità, opportunità e delusioni li aiuterà a sviluppare resilienza e autocompassione.

CHAPTER 8

Affrontare le sfide e gli ostacoli nella genitoria

Proprio come la pace non è semplicemente l'assenza di guerra, la compassione non è semplicemente l'assenza di crudeltà o sofferenza. Quando ci troviamo di fronte a delle sfide, come tutti noi sperimentiamo di tanto in tanto, la compassione implica anche comprensione rispettosa, gentilezza e persino calore genuino. Ci consente di rispettare l'"istinto di felicità" di un'altra persona, come descrive il Dalai Lama, qualcosa che condividiamo dal momento in cui nasciamo. Questo è un punto molto importante da considerare nell'educazione dei nostri figli. Quando affrontiamo i problemi che i nostri figli hanno con gli altri, dalle prese in giro lievi al bullismo più estremo, è molto facile entrare in guerra con i propri figli e vedere la compassione per gli altri come nient'altro che una resa. Tuttavia, questo è ben lungi dall'essere il caso. La vera compassione implica l'empatia con il proprio figlio, ma anche la comprensione rispettosa di ciò che potrebbe spingere gli altri ad agire in modo crudele. Bisogna stare attenti a parlare delle ragioni dietro le azioni crudeli degli altri in un modo che non faccia sentire il proprio figlio responsabile del modo in cui viene trattato. Invece, gli si sta dando una visione molto più equilibrata di ciò che potrebbe realmente accadere.

Perché la terapia è così attraente, soprattutto per i bambini? La risposta è semplice: desideriamo essere ascoltati e rispettati. Desideriamo empatia. Ogni volta che senti i tuoi istinti compassionevoli passare in secondo piano, immagina di essere una bambina di cinque anni trattata ingiustamente da un'amica che ha tradito la tua fiducia o una dodicenne in terza media che cerca disperatamente di adattare il suo corpo unico, mutevole e snello alle immagini impossibili e statiche di bellezza che la bombardano giorno dopo giorno. Spesso è esattamente ciò di cui i nostri figli hanno bisogno: di camminare nelle loro scarpe o, meglio ancora, semplicemente di ascoltare la loro esperienza, senza cercare di "aggiustare" o risolvere nulla. Prendersi il tempo di ascoltare senza giudizio queste preoccupazioni crea uno spazio sicuro in cui i bambini possono diventare più resilienti. Se tuo figlio non si sente ascoltato, farà fatica ad aprirsi a ciò che hai da dire.

Come affrontare il bullismo e la pressione dei pari

Oggigiorno, il bullismo non si limita all'aggressione fisica. Può essere trasmesso tramite Internet e perpetuato tramite esclusione, diffusione di voci e cyberbullismo. Un bambino su quattro riferisce di essere stato vittima di tali attacchi. Ogni genitore responsabile è giustamente allarmato da tale prospettiva. Ma il nostro naturale impulso a proteggere può andare troppo oltre quando immaginiamo casi di scherno o aggressione che i nostri figli potrebbero affrontare. Possiamo catastrofizzare, diventando iperprotettivi e minando la resilienza dei nostri figli.

I genitori spesso si preoccupano di come prevenire il bullismo, ma potrebbero non pensare a come aiutare i figli a elaborarlo e ad andare avanti dopo il fatto. Quanto contano le amicizie di tuo figlio per la sua felicità? Come si sente quando vede qualcun altro essere preso in giro, preso in giro o escluso? C'è un'azione di abilità che sostiene tutte le altre azioni che tuo figlio potrebbe scegliere da queste connessioni, ed è l'azione dell'empatia: mettersi nei panni di qualcun altro. Lasciare che l'empatia di tuo figlio guidi le sue azioni lo aiuterà molto a fare scelte gentili e compassionevoli. È importante comunicare valori chiari, come l'importanza della comunità, la generosità, la repressione dell'esclusione, ecc. È bello ricordare a tuo figlio nei momenti di tensione un valore particolare (e spesso anche efficace: "Cosa faresti se qualcuno spingesse il tuo amico?").

CHAPTER 9

Celebrare la diversità e promuovere l'inclusività

Come genitori, dobbiamo iniziare a parlare e a esporre i nostri figli a tutte le sfumature di significato, emozione e percezione che compongono la nostra esperienza umana estremamente diversificata. Che si tratti delle storie e delle tradizioni di persone con background religiosi diversi o dell'istruzione sulle vite di persone di razze, generi o orientamenti sessuali diversi, abbracciare la diversità e l'inclusività ci sposta direttamente verso l'educazione di bambini che possono difendersi da soli e che cercheranno di includere gli altri. Ecco cinque modi in cui i genitori possono lavorare su questi principi:

1. **Modello di essere un buon vicino :**
    - Conosci persone diverse da te e chiedi loro delle loro esperienze. Scopri le diverse tradizioni e celebrazioni che si svolgono nella tua comunità locale.
    - Condividi le tue storie e il patrimonio familiare con i tuoi figli. Visita luoghi culturalmente ed etnicamente diversi.

- Durante festival o eventi speciali, potrai conoscere e apprezzare cibi, giochi, arte, danze e musica diversi.
- Scoprirai anche cose interessanti sulle persone, le famiglie e le tradizioni della tua comunità.
2. **Sviluppa le 3 D: Dialogo, Differenza, Dignità** :
    - Crediamo che ogni bambino che nasce in questo mondo, come ogni adulto, sia un essere umano prezioso con il potenziale di dare e apportare un contributo significativo alla propria comunità.
    - Per crescere bambini che prosperino e facciano la differenza nel mondo, è necessario che siano esposti concretamente alle differenze e abbiano l'opportunità di sviluppare una comprensione rispettosa e complessa di se stessi e degli altri.
3. **Scopri chi sono i tuoi vicini** :
    - Aiutate i vostri figli ad accettare il mondo in tutta la sua diversità e offrite loro autentiche opportunità di conoscere persone di culture diverse.

Esplorare culture e tradizioni diverse

Non dobbiamo guardare oltre i tumultuosi eventi del 2021 per vedere che la nostra società rimane irta di profonde divisioni, alcune delle quali hanno portato a notevole ostilità e disordini. Naturalmente, questo rappresenta una sfida interessante per i genitori che si sforzano di crescere figli comprensivi e compassionevoli. Preparare i propri figli a navigare in un mondo pluralistico inizia rafforzando l'inclusività in giovane età all'interno dell'unità familiare. I principi discussi in questa sezione mirano a esporre i propri figli a una vasta gamma di esperienze culturali. Il risultato è che i bambini acquisiranno una visione approfondita delle vite, delle opinioni e delle usanze degli altri, un primo passo verso lo sviluppo di empatia e compassione per le persone provenienti da tutto il mondo.

Uno dei modi più efficaci per insegnare ai tuoi figli a essere individui empatici è dimostrare attraverso le tue azioni che stimi un gruppo eterogeneo di persone e che ti piace interagire con loro. Non smettere di apprezzare le persone diverse da te e non cercare di nasconderlo ai tuoi figli. Infatti, quando ammiri qualcuno per il suo modo diverso di vedere il mondo, diglielo. Se i tuoi elogi sono abbastanza alti, il bambino spesso si impegnerà in una conversazione con la persona sulla sua cultura o tradizione. Questo è un modo semplice e facile per colmare il divario tra le diverse culture presenti nelle tue varie comunità.

Inoltre, rendere i tuoi figli più consapevoli di ciò che accade nel mondo guardando le notizie, leggendo il giornale o i blog di Internet può aiutare a farli diventare cittadini del mondo. Essendo più informati su ciò che accade nel mondo, puoi far sì che i tuoi figli diventino più consapevoli dei problemi che i loro coetanei in altri paesi stanno attraversando.

CHAPTER 10

L'importanza dell'auto-cura per i genitori nell'ed

La cura di sé è essenziale per i genitori che vogliono crescere figli compassionevoli. Più ti prendi cura del tuo benessere, meglio puoi prenderti cura del benessere di tuo figlio. Il tuo atteggiamento calmo agirà come un segnale calmante per tuo figlio. Dare priorità a come sei percepito come genitore rispetto ai veri sentimenti e bisogni di tuo figlio ostacolerà la tua capacità di aiutare tuo figlio a connettersi ed essere compassionevole verso gli altri.

Dare priorità al benessere mentale e fisico

Come genitore devoto, vuoi il meglio per i tuoi figli. In un'epoca di immensi cambiamenti culturali e sociali, può essere difficile guidare i bambini nella direzione che più gioverà a loro e al loro successo nella vita. Nonostante tutti questi cambiamenti, i doppi obiettivi di crescere bambini premurosi e promuovere il loro benessere sociale, emotivo e morale sono rimasti in gran parte costanti attraverso le generazioni. Fortunatamente, la ricerca suggerisce che i genitori possono influenzare il cambiamento positivo, rafforzando i diritti di nascita dei bambini a realizzare il loro potenziale come individui compassionevoli e premurosi. Per essere efficace in modo ottimale, una precondizione fondamentale della genitorialità compassionevole è che i genitori diano priorità al proprio benessere mentale e fisico. Il tuo benessere mentale e fisico è il precursore della tua capacità di coltivare i punti di forza e diventare un modello di compassione nella vita di tuo figlio. Quando stai bene, incarni un modello di benessere mentale che può comunicare una preoccupazione compassionevole ed empatica. In questo modo, gli approcci biblioterapici e psicoeducativi insegnano ai genitori a prendersi cura di sé in modo che possano agire in modo efficace e compassionevole. Aumentando intenzionalmente i propri livelli di benessere, i genitori possono contribuire a plasmare il futuro sociale, emotivo e persino finanziario sano dei propri figli.

Concentrarsi sulla propria salute mentale e fisica quando i propri figli sono in difficoltà e soffrono può sembrare quasi impossibile, eppure la compassione non è una risorsa esauribile. La ricerca suggerisce che i genitori che seguono pratiche di assistenza compassionevoli diminuiscono il rischio di ricadute e sperimentano meno sintomi depressivi e ansiosi anche durante la fase acuta di un episodio di depressione maggiore. Gli studi indicano che quando i genitori praticano interventi basati sulla forza e scelgono intenzionalmente di aumentare il proprio benessere, ne traggono beneficio in molti modi e, di conseguenza, anche i loro figli sembrano trarne beneficio. Alla fine, i bambini cresciuti da genitori formati nella compassione diventano aperti all'apprendimento di modi di essere compassionevoli.

Conclusione: abbracciare il viaggio della genitori

Per Shannon Hough, la pratica della genitorialità compassionevole non può essere ridotta a una sola cosa o qualità. Nelle numerose decisioni, interazioni, atteggiamenti e competenze interconnesse che trasmette, la genitorialità stessa diventa un esercizio creativo di come può apparire la compassione. Ciò ruota attorno all'instillare valori e cercare opportunità per crescere più gentili e più vicini, creando bellezza, amore e divertimento. In molti modi, a volte ridondanti, vengono evidenziati i cinque principi fondamentali della genitorialità compassionevole, favorendo un approccio olistico piuttosto che atomistico. In effetti, instillare valori è un lavoro che non è mai completamente finito; per il genitore che lo sceglie, la compassione è un progetto che dura tutta la vita.

La pratica di guidare e nutrire che si dispiega nella genitorialità compassionevole è l'oggetto di questo saggio, che traccia i principi fondamentali attraverso gli obblighi e gli atteggiamenti che implica per i genitori. Un tale stile genitoriale trasforma il processo stesso di educazione dei figli in un impegno per la promozione compassionevole di grandi esseri umani. Osservando la co-creazione di una vita condivisa e lavorando per coltivare valori, viene raffigurata la storia della genitorialità e, più in generale, l'obiettivo paziente e gentile di trasformare i partecipanti in persone nuove e migliori. Relazionale e attenta, la genitorialità compassionevole consente poche generalizzazioni su ciò di cui tuo figlio ha bisogno nella tua interazione con lui per un motivo: che tutte le persone (anche i più piccoli) sono uniche e ciò di cui hanno bisogno per crescere in modelli di autentica bellezza non può essere codificato in istruzioni passo dopo passo.

Abbracciare il viaggio della genitorialità compassionevole significa comprendere che si tratta di un processo continuo e in continua evoluzione. Significa essere aperti all'apprendimento, alla crescita e all'adattamento mentre sia tu che tuo figlio attraversate la vita insieme. Ogni interazione e decisione che prendi getta le basi per un futuro compassionevole, non solo per tuo figlio, ma per il mondo che lui stesso contribuirà a plasmare.

www.ingramcontent.com/pod-product-compliance
Lightning Source LLC
LaVergne TN
LVHW092101060526
838201LV00047B/1516